BONAPARTE

DEVANT

MINOS, EAQUE ET RHADAMANTE.

BONAPARTE

DEVANT

MINOS, EAQUE ET RHADAMANTE,

LE 5 MAI 1821.

Forsitan et Priami fuerint quæ fata, requiras.

Quæsitor Minos urnam movet.......
Conciliumque vocat, vitasque et crimina discit.

A PARIS,

CHEZ LES MARCHANDS DE NOUVEAUTÉS.

1821.

BONAPARTE

DEVANT

MINOS, EAQUE ET RHADAMANTE,

LE 5 MAI 1821.

———

LE tribunal éternel qui siége au-delà du Styx terminait ses séances; déjà les ombres jugées avaient pris leurs diverses directions.

Les unes, légères et radieuses, cueillaient des fleurs, dont elles se tressaient des couronnes en chantant les amours, les vertus et la gloire; les autres, pâles et lugubres, poussées par le remords, ne rencontraient que des cyprès funéraires; d'autres encore marchaient avec tristesse; mais on voyait briller sur leur front un rayon d'espérance. Conduites par le repentir, elles effeuillaient des lauriers ou des roses, et ne trouvaient sous leurs pas que la scabieuse de deuil ou la triste anémone.

Leurs mouvemens ne s'entendaient plus que dans le lointain : l'Elysée s'ouvrit, laissant échapper de son sein une odeur d'ambroisie. Les portes du Tartare, roulant sur leurs pivots, promenèrent un long frémissement sous les voûtes infernales.

Les trois sages, qui depuis tant de siècles sont appelés à juger nos actions, se retiraient, lorsque Mercure annonça une ombre nouvelle.

Seule elle avait passé dans la barque fatale, qui eut peine à la porter. Cerbère n'avait point fait entendre ses hurlemens ordinaires ; il semblait effrayé ; ses trois gueules, muettes pour la seconde fois depuis qu'il garde les domaines de Pluton, l'étaient alors par la terreur

L'ombre silencieuse s'avança jusqu'aux pieds de Minos, qui lui dit : « Quel mortel es-tu ! toi dont l'arrivée trouble ces lieux, et cause dans notre séjour des impressions de surprise et d'effroi ? »

Elle répondit. Sa voix imitait ce bruit sourd, précurseur de l'éruption d'un volcan.

Je suis l'homme du destin, le destin m'éleva, il m'a frappé.

Je suis allé plus loin que ces héros qui portèrent jusqu'ici leurs pas audacieux ; mes pieds se sont posés à la fois sur le Nord et le Sud ; je me suis couché sur l'Europe.

Ma puissance a passé comme l'orage ; mes trophées, livrés aux flammes, ont éclairé l'entrée triomphante des autres ; ma gloire s'est évanouie comme le météore trompeur.

J'ai péri dans l'exil : ma cendre déssechée ne sera point humectée par les larmes d'un fils ou d'un ami ; une épouse, une amante ne viendront pas la couvrir avec les rameaux du saule, ou me consacrer leur chevelure. Les pas du troupeau fouleront seuls ma dernière retraite ; le voyageur curieux aura peine un jour à découvrir ma tombe, envahie par les ronces.

Que m'ont servi tant de sceptres brisés entre mes mains comme la paille fragile ? Où m'ont mené ces victoires qui étonnèrent le monde, et dont la postérité doutera ?...... J'ai vu les empires à mes genoux, je ne vois que le néant ! Elle ne put achever ; des soupirs violens l'étouffaient, des larmes brûlantes s'échappèrent encore de ses paupières éteintes.

Tes regrets sont superflus, lui dit Minos, tu n'est pas devant nous pour gémir. A cet instant suprême, toute illusion cesse ; les chimères dont tu te berçais à la fin de ta vie, s'évanouiront comme le songe du matin. Je vais développer le tableau de cette vie sur laquelle tu pleures, t'entendre et prononcer. Il ouvrit aussitôt les pages contenant les plus secrètes actions de l'accusé, et continua en ces termes :

Je vois naître un génie surprenant, je le suis dans ses périodes ; il remporte des palmes, il rouvre à l'espoir le cœur de ses concitoyens, plongés dans l'anarchie; il reçoit une couronne, et s'arme du pouvoir dans des circonstances où tout lui permettait de faire le bien; qu'a-t-il fait? Il a scellé l'acte qui le proclamait avec un sang illustre, et ce n'était pas son premier forfait : du fond des cachots j'entends s'élever les cris plaintifs d'une autre victime; leur sang concentré sur sa tête, retombera goutte à goutte.

Il se jette dans des guerres désastreuses, il anéantit les générations, il viole les droits les plus sacrés, il donne aux siens le patrimoine d'autrui; il forge des chaînes pesantes pour le peuple généreux qui l'avait accueilli, et qui soutenait, par des sacrifices sans fin, son gigantesque édifice. Au milieu de sa carrière, il voit échouer ses projets insensés, et tombe frappé de la foudre. Il se fait un rempart de ses guerriers ; trois fois la mort qui devait l'attendre est amortie par les phalanges qu'il place entre elle et lui, et qu'elle moissonne.

Il fuit un instant la scène , et n'y reparaît que pour enrichir encore le butin de cette déesse avide , à laquelle il semblait avoir consacré son culte et ses uniques offrandes.

Il ne sut pas mourrir, lui qui disait aux siens; mourrez: à un sépulcre glorieux , il préfère l'esclavage , et obscurcit par ses dernières années ce qu'il avait eu de brillant.

Ce génie dont je viens d'analiser la vie, cet homme que j'ai rapidement dépeint est devant nous plus tremblant que la feuille , il attend notre arrêt, il frémit sur ce siége où se reposent également les rois et les bergers, l'innocence et le crime.

Réponds aux faits qui s'appesantissent sur toi; tout va renaître à ton souvenir , la vérité, malgré toi, sortira de tes lèvres.

Le premier juge se tut , sa voix vibrait dans cet obscure séjour , et l'écho ténébreux ramena ses accens à plusieurs reprises aux oreilles du coupable.

Celui-ci essaya de se justifier.

Les divinités subalternes qui habitent les enfers s'étaient réunies, attendant avec impatience la réponse de cet être extraordinaire. Sa justification fut entendue. Voici ce qu'on a pu en retenir.

Ceux qui sont dans le port ou la vallée jugent facilement celui qui vogue au sein des tempêtes ou qui, sur le sommet d'un mont, lutte contre les vents ennemis.

J'ai commis des crimes et j'ai fait du bien : sans considérer même les fatalités qui me dirigèrent, pourquoi ne se souvient-on que de mes crimes? Pourquoi n'ai-je plus d'amis? J'avais cependant des serviteurs que j'ai comblés; c'est parmi eux que j'aperçois mes plus fougueux détracteurs.

Tel s'assied sur les lys qui conserve encore sur ses lèvres la poussière de mes pieds; tel occupe un haut rang, qui sort de mes antichambres (1); Tels enfin me renient qui volaient au-devant de mes caprices, et trahissant les intérêts de leurs frères, me précipitaient dans le sentier où m'appelait un sort irrévocable.

Ils m'aidaient à me tromper; maintenant ils osent me fouler sous leurs pieds! Oublient-ils, les ingrats, que rien sans moi n'aurait pu les tirer de la fange où ils étaient plongés !

Oui, tribunal auguste, je la dirai cette vie si injustement commentée, et je l'aurai bientôt dite, quelque longue qu'elle ait été pour ceux qui pâlissaient devant moi : peut-être ici rencontrerai-je l'impartialité.

Fus-je coupable en éprouvant dès ma jeunesse le désir de m'accroître, en secondant l'influence du ciel qui me réservait pour tant de choses!

Non je ne le fus pas; je le devins dans la suite. Ah! que n'ai-je écouté la voix secrette qui me prédisait tout? pourquoi fus-je entraîné par la la haine ou la crainte d'être arrêté dans ma course!

Noble sang de Condé, âme de Pichegru, vous m'avez poursuivi dans toutes les secondes de mon existence.

Mon sommeil vous rappelait à moi et vous m'avez souvent apparu dans mes jours les plus fortunés.

J'éludais en vain ce cruel souvenir; partout le désespoir m'a suivi : on ne peut se fuir soi-même. Mais ces crimes seuls ne sont-ils pas assez funestes, n'offrent-ils pas une assez grande latitude pour m'accabler! Qu'ont-ils besoin de cumuler les plus odieuses calomnies?

Les forfaits ont deux résultats : ils servent et ils couvrent d'infamie.

J'ai gardé l'infamie, et ceux qui ont joui de ces forfaits me repoussent lâchement. Diront-ils qu'ils n'en ont pas eu les fruits? Eh que seraient-ils sans ma puissance dont-ils ont profité sans demander comment elle s'était établie!

Après avoir confessé les plus hideuses taches de ma vie, pourrai-je réclamer la mémoire des services que j'ai rendus?

J'étendis les limites de la France, je relevai ses autels, je lui appris à se passer des relations étrangères, j'embellis ses villes, je fis fleurir son commerce intérieur. Sous moi, les arts et les sciences ont fait de rapides progrès. Les beautés des capitales sont venues se ranger sous les yeux des Français, auxquels j'enseignai les moyens de dompter les nations qui jadis étaient pour eux un objet de méfiance et d'effroi.

Je leur fis entreprendre, il est vrai, des guerres malheureuses; mais faut-il m'attribuer tout et rien à la mauvaise fortune?

Ils ont réparé le mal, ils goûtent sous une autorité plus paisible les suites de vingt ans d'incalculables travaux, ils sont heureux, et moi, que suis-je!....

Qu'eussent-ils fait pourtant sans mon étoile? Ils étaient dans un horrible désordre. Les pouvoirs se succédaient chaque jour, et chaque jour ils éprouvaient les atteintes nécessaires d'un pouvoir nouveau qui, pour se consolider, immolle les partisans de celui qui le précédait.

La continuation de ce désordre aurait elle eu

un résultat plus avantageux que n'a eu m'a conduite politique.

Ah! je rends justice à leur noble cœur : si j'écarte mes yeux de ceux qui me doivent tout, je trouverai des hommes magnanimes, anciens compagnons de mes armes ou jeunes appréciateurs de l'élan que j'ai imprimé aux naissantes générations.

Ceux-là jetteront sur mes erreurs le voile de l'indulgence ; ils accorderont une larme   a tombe isolée. Les vivans ne savent pas tout le prix d'une larme !

S'il m'est permis d'établir des parallèles, que l'on se reporte sur les actions des rois : en est-il beaucoup qui présentent un règne sans tache?

Alexandre tua son ami dans un accès de fureur ; il s'érigea des statues aux pieds desquelles ont brûlait un encens qui n'appartenait qu'aux dieux.

Romulus fonda son empire sur l'usurpation , le rapt et le viol.

César renversa les faisseaux de sa patrie, et de soldat devint dictateur. A son retour de Munda, où il défit des Romains, il triompha comme s'il eût vaincu les ennemis de la république.

Constantin, qui le premier combattit sous la

croix, livra aux bêtes féroces les Francs, ses pri-
sonniers de guerre, fit égorger son fils, sa femme,
et mérita d'être comparé à Néron.

Clovis déshonora la fin de ses jours par des
perfidies et des cruautés envers ses parens, qu'il
dépouilla.

Charlemagne massacra les Saxons qui ne com-
prenaient pas l'évangile. Le meilleur des princes
signait un édit sur les chasses. Louis XIV révo-
quait celui de Nantes, et, après des guerres éter-
nelles, il perdait à Utrecht la suprématie de la
France.

Cependant ils sont grands, la postérité les
admire.

Pour moi, j'avais cru qu'une pierre sépulcrale
était à la haine un rempart suffisant, et la haine
envahit un tombeau que je dois à la pitié de mes
oppresseurs.

Puissent tant d'anciens amis, sourds à présent
à la voix du malheur, éprouver à leur tour ce
qu'a de poignant leur conduite envers moi. Ils
sauront ce que je souffre, et regretteront le mal
qu'ils me causent. »

L'ombre termina son discours, qui toucha
l'assemblée. Un murmure se prolongea, pareil
au bourdonnement monotone du peuplier que
l'air agite. Chacun attendit la sentence.

Minos alors se levant :

« Tes plaintes sont justes en partie ; mais tes crimes sont avérés. Si rien ne peut préserver du mépris ceux qui prononcèrent ton apothéose et qui te livrent aux dieux vengeurs , rien non plus ne peut te sauver du châtiment que tu mérites.

« La postérité qui voit avec faveur des monarques qui ont terni leur règne , te verra avec faveur aussi , parce que le temps éludant tes travers , mettra devant ses yeux le prisme de la gloire.

« Tout conquérant fut criminel, et tout conquérant est admiré. Néanmoins le ciel doit te punir, entends ses volontés.

« Il est un séjour d'expiation où gemissent ceux qui, sans avoir encouru des supplices éternels, ont des forfaits à laver ; tu y passeras plus d'années qu'il n'y eut d'instans dans ta vie. Tu seras entouré des victimes de ta fureur ou de ton ambition. En vain as-tu invoqué des exemples : quiconque fit comme toi, comme toi fut châtié. Vas donc dans l'asile qui t'es destiné , tu y verras Alexandre et son père, Romulus, Constantin et César, Clovis, Charlemagne et Louis· »

Il avait dit ; les noires Euménides s'emparèrent du condamné sans qu'il proférât une plainte.

Ses victimes, et tant de guerriers qui tombèrent pour lui, furent appelés; mais tous le plaignirent quand ils pouvaient se venger.

Jusqu'au jour fixé par les destins le remord seul rongera son cœur.

Le passé lui pardonna, le présent se tut, l'avenir l'inscrivit.

DE L'IMPRIMERIE DE P DUPONT.